10 IDEAS
de salvar el mundo
con el poder de la
AMABILIDAD

Ilustraciones de **Clarissa Corradin**

Texto de **Eleonora Fornasari**

algar

ÍNDICE

LOS PRIMEROS PASOS

¡HOLA, TE DAMOS LA BIENVENIDA A ESTAS PÁGINAS! EN ESTE LIBRO DESCUBRIREMOS QUÉ SIGNIFICA SER AMABLE.

¿CÓMO?

¡A través de DIEZ PEQUEÑOS GESTOS que todo el mundo puede llevar a cabo, incluso tú! Aunque pueda parecer que, en el mundo actual, tan tecnológico y conectado, con tantas posibilidades, hay de todo, si lo piensas bien, sí que falta algo... Corremos el peligro de ir demasiado deprisa, tanto que a veces nos olvidamos de los demás... En resumen, ¡hace falta un poco más de amabilidad!

Piensa en lo bonito que sería

QUE LAS PERSONAS FUÉRAMOS MÁS ATENTAS LAS UNAS CON LAS OTRAS.

Parece un sueño, pero puede hacerse realidad. Solo hay que empezar a moverse y creer que, paso a paso, igual que el mar se forma gota a gota, todas juntas podemos cambiar el mundo.

«Pero yo siempre ayudo a mi hermano a hacer los deberes», dirás.

MUY BIEN: ES UN PRIMER PASO, Y ES IMPORTANTE.

Pero ya verás como hay muchísimas más cosas que puedes poner en práctica, incluso con ese compañero que te cae tan mal.

TODO EL MUNDO NECESITA LA AMABILIDAD: niños y niñas, adultos,
e incluso –como descubrirás– ¡animales y plantas! Pero, para recibir amabilidad, primero tenemos que aprender a darla y para eso es necesario un poco de entrenamiento.

ASÍ QUE ¿A QUÉ ESPERAS?

Empieza a hojear estas páginas, prueba un paso cada vez, déjate llevar por las sugerencias, intenta ponerlas en práctica y, por qué no, ¡inventa y propón nuevos gestos amables! Después, déjale el libro a alguien y, juntos, ¡contagiad a la gente que tenéis alrededor!

RECUERDA: la imaginación no tiene límites... y la amabilidad tampoco.

SÉ AMABLE CONTIGO MISMO

¿Quieres ser amable? ¿Por qué no empiezas por quien mejor conoces?

SÍ, POR TI MISMO, ¡LO HAS ENTENDIDO BIEN!

PIENSA: ¿cuántas veces te has enfadado contigo mismo porque no has sido el mejor? Estabas convencida de que serías la primera en la carrera, pero no ha sido así. O estabas muy contento de ser el protagonista de la obra de fin de curso, pero al subir al escenario estabas tan emocionado ¡que se te olvidaron tus frases!

RECUERDA: todo el mundo se equivoca. Lo importante es evitar hacer un drama y no culparse pensando «soy un desastre, soy incapaz de hacer nada, qué ridículo...». ¡Palabras como estas no son nada amables! En vez de lamentarte, **intenta ver las dificultades como oportunidades para volver a intentarlo con más impulso.** Así que ¿a qué esperas?

¡CAMBIA ESA CARA TAN LARGA Y VUELVE A EMPEZAR CON UNA SONRISA!

Si sacas una mala nota en el colegio,
piensa que la próxima vez te saldrá mejor.
Y después esfuérzate para que así sea:
pide ayuda para entender dónde te has
equivocado y estudia más para mejorar.

Si tu equipo de fútbol ha perdido
el partido y has sido precisamente tú
quien ha fallado en la jugada decisiva, cuenta
hasta diez antes de enfadarte contigo mismo.

PIENSA: si en tu lugar estuviera otra persona,
la consolarías y le dirías que no se lo tomara
tan a pecho. Pues lo mismo tienes que hacer
contigo mismo. Creemos que sería bonito ganar
siempre, pero, en el fondo, ¡jugar es divertido
precisamente porque no sabemos cómo acabará el
juego! **Hay que saber aceptar los retos...
y también los resultados.**

Y, ADEMÁS, CUANDO JUEGAS CON
TUS AMIGOS Y AMIGAS, LO QUE
CUENTA EN REALIDAD ES ESTAR
JUNTOS, ¿NO TE PARECE?

CADA VEZ QUE TE PASE POR LA CABEZA UNA IDEA NEGATIVA SOBRE TI MISMO, EXPÚLSALA. ¿CÓMO? TRANSFORMÁNDOLA POR ARTE DE MAGIA... EN UNA EXPRESIÓN DE GRATITUD.

Por ejemplo, **podrías empezar a llevar un diario** y apuntar cada día algo que te haga feliz, algo por lo que dar gracias por ser precisamente tú y por vivir tu vida: haber conocido a un nuevo amigo, haber jugado a algún juego con mamá, haber aprendido una cosa nueva, tal vez justo después de haberte equivocado. En el fondo, los errores también sirven para esto. Y, más aún, **puedes tomar nota de algo que te haya sorprendido y te haya alegrado el día**: una poesía que has aprendido en el colegio, un bonito paisaje que has podido admirar...

¡HAY TANTOS MOTIVOS PARA DECIR GRACIAS CADA DÍA!

Es una pena concentrarse solo en lo que nos falta.

VUELVE A LEER LA LISTA DE LOS PENSAMIENTOS ALEGRES DE TU DIARIO:

te darás cuenta enseguida de que es verdad que hay muchos motivos para ser amable contigo mismo.

Y TAMBIÉN...

Otra idea para quererte y demostrarte amabilidad es dedicarte **tiempo de calidad.** ¿Qué significa esto? Intenta dedicar tu tiempo libre a una actividad que te haga feliz, por ejemplo, un deporte o, tal vez, una afición. Cuando estamos activos, nuestro cerebro genera endorfinas, que son moléculas que producen una sensación de bienestar. Por lo tanto, nadar, bailar o jugar al baloncesto no solo te hacen crecer mejor, SINO QUE TAMBIÉN TE HACEN MÁS FELIZ.

Si te gusta pintar, puedes esforzarte para hacerlo cada vez mejor, podrías incluso **apuntarte a un curso de pintura.** Si te gusta la música, **toma lecciones de guitarra** o pide a alguien que sepa tocar que te enseñe. Y también intenta dedicar alguna hora a la **lectura**, lejos de tabletas y otras distracciones: será el momento adecuado para leer el último libro de tu escritora preferida o aquel cómic que hacía tanto tiempo que tenías en mente.

UTILIZA LAS
«PALABRAS MÁGICAS»

Pero ¿cómo podemos ser amables con los demás?

Puedes empezar por las **palabras mágicas**:

BUENOS DÍAS, GRACIAS, DE NADA, POR FAVOR Y PERDONA.

Se llaman así porque, cuando las pronuncias, por arte de magia, ¡traen buen humor y alegría!

Así que ¿a qué esperas para utilizarlas?

BUENOS DÍAS

Cuando te encuentres con alguien, un vecino o la maestra, saluda, con voz fuerte y clara, de esta manera tan bonita. También puedes saludar con un «hola». A veces basta con agitar un poco la mano: se puede saludar de muchas maneras;

LO QUE CUENTA ES HACERLO SIEMPRE.

Por ejemplo, en **Japón** se saluda con una pequeña reverencia y en el **Tíbet** se saca la lengua. Pero si a quien saludas no es de allí, te aconsejo que no lo hagas: podría confundir tu saludo con una burla.

GRACIAS

Esta sencilla palabra hace feliz a todo el mundo, ¡a quien la pronuncia y a quien la recibe! **Intenta decir «gracias» cada vez que te hagan un regalo, un cumplido o un gesto amable.** Y díselo, también, al camarero que te trae la pizza en el restaurante o a la heladera que te pone el cucurucho. A lo mejor se pone tan contenta de haber encontrado a alguien tan amable y educado ¡que te pone otra bola!

RECUERDA: LA AMABILIDAD ATRAE MÁS AMABILIDAD.

DE NADA

En cambio, si eres tú quien recibe un «gracias» dicho de corazón, acuérdate siempre de responder «de nada». Es una expresión bonita, sobre todo porque **indica que antes hemos hecho algo bueno por alguien.** Si una compañera de clase te dice «gracias» porque le has dejado un lápiz o el abuelo te agradece el dibujo que le has hecho,

SÉ AMABLE TÚ TAMBIÉN: *DE NADA* ES LA EXPRESIÓN MÁGICA QUE NECESITAS.

POR FAVOR

Si tienes que pedir algo o necesitas la ayuda de alguien, acuérdate de decir antes **«por favor»**. ¿Quieres que mamá te ayude a hinchar las ruedas de la bicicleta? ¿Te apetece que el abuelo prepare tu pastel preferido?

INTENTA PEDIRLO AMABLEMENTE: YA VERÁS CÓMO ESTÁN MÁS CONTENTOS DE ESCUCHARTE Y DE ECHARTE UNA MANO.

PERDONA

ESTA ES LA PALABRA MÁS DIFÍCIL DE DECIR, ¡Y ESO QUE ES MUY CORTA!

Pedir disculpas significa admitir que nos hemos equivocado, y a nadie le gusta hacerlo. Efectivamente, hay que tener **mucha valentía**, pero vale la pena. Puede suceder que jugando a la pelota en casa (¡y eso que te habían dicho que no lo hicieras!) hayas roto un jarrón, o a lo mejor has hecho que tu hermano se enfade y ahora está de morros. Pues ahora ya sabes qué hay que hacer...; mejor, qué hay que decir: PERDONA.

VERÁS QUE, POR ARTE DE MAGIA, ¡DESAPARECERÁN LOS MALENTENDIDOS!

ALGUNAS VECES NO HACEN FALTA PALABRAS.

Si mamá llega cansada de
trabajar y te parece que está baja de moral,
la puedes recibir con una bonita **sonrisa**:
¡volverá a estar de buen humor!
Y si conoces a un niño que siempre está un poco
triste y enfurruñado, intenta sonreírle como señal
de amistad y de ánimo: puede que él también te sonría
tarde o temprano.

¡DE HECHO, LA SONRISA ES CONTAGIOSA!

¿No te lo crees? **Puedes hacer un experimento**: empieza
a sonreír a todas las personas que te cruces por la calle,
por ejemplo, mientras vas al colegio.

**¿Qué te apuestas a que alguien te devuelve
la sonrisa?** Los estudios lo llaman *contagio emotivo*.
Cuando sonreímos, nuestro cuerpo envía una señal al cerebro:
«sé feliz». Así que cuanto más sonreímos, más mejoramos
nuestro humor y el de las personas que nos rodean.

REALMENTE MÁGICO, ¿NO CREES?

03 ORDÉNALO TODO

Ofrecerte a echar una mano a papá o a mamá con las tareas de la casa es una buena manera de ser amable. Además, cuando todo está ordenado, ¡es más fácil encontrar las cosas!

EMPIEZA POR TU HABITACIÓN

Cada mañana, al levantarte, intenta **hacer la cama sin ayuda. Es fácil.** Sacude la almohada, estira la sábana y echa por encima el edredón o la manta (¡si estás usándolos, obviamente!). Da igual que quede alguna arruga o que no esté bien del todo: solo esto ya da a tu cuarto un aspecto mucho más limpio y cuidado... ¡**a tu manera**! Después, recuerda que hay muchas más cosas que puedes ordenar en tu habitación.

CADA OBJETO TIENE SU SITIO, ¿VERDAD?

Los libros, en los estantes y en la mochila; la **ropa limpia,** en los cajones y en el armario; y la que ya has usado... ¡a la cesta de la ropa sucia! ¿Y los **juguetes**? Si no tienes un sitio donde dejarlos, puedes fabricarte uno reciclando cajas, por ejemplo.

¡PERO ESO NO ES TODO!

Hay que ordenar el resto de la casa...

VAMOS, MANOS A LA OBRA.

En primer lugar, ¿qué te parece si ponemos un poco de música? ¡Descubrirás que ordenar al ritmo de una canción es mucho más divertido!

ADEMÁS, LO PODÉIS HACER TODOS JUNTOS (papá, mamá o los abuelos, y tú), así os podréis ayudar mutuamente. Sencillo, rápido y divertido.

Por ejemplo, puedes ayudar a **quitar la mesa**: pon los platos y los vasos en el fregadero (también los cubiertos, ¡pero cuidado con la punta de los cuchillos!). También puedes doblar y guardar el mantel (¡no te olvides de limpiar las migas!) y las servilletas.

¿Y qué me dices de los **zapatos** dejados (¡y tirados!) de cualquier manera? Puedes colocarlos en el zapatero. **¡Así evitarás tropezarte con ellos!**

ADEMÁS DE TU CASA, ES IMPORTANTE QUE LOS ESPACIOS COMUNES, COMO LAS CALLES, LOS PARQUES O EL COLEGIO, ESTÉN ORDENADOS.

Es verdad, por allí pasan muchas personas y hay mucho que hacer. Pero **tus pequeños gestos cotidianos también pueden marcar la diferencia.**

Si vas a pasear al perro, recoge siempre sus necesidades con una bolsita. No solo evitarás ensuciar la acera, sino también... ¡los zapatos de quien pasa después de ti!

Cuando tú y tus amigas y amigos merendéis después de haber jugado en el parque, tirad las bolsas vacías y los restos en los contenedores correspondientes.

¡EL PARQUE QUEDARÁ MUY LIMPIO Y VOSOTROS YA NO CORRERÉIS EL RIESGO DE IR PISANDO BASURA!

Y en el colegio, cuando caigan al suelo trozos de papel o de cartulina (o las virutas de afilar el lápiz), puedes contribuir a que el aula esté ordenada ayudando a recogerlos.

ACUÉRDATE DE QUE TIENES QUE TRATAR LO QUE ES COMÚN COMO SI FUERA TUYO, PORQUE ES EXACTAMENTE ASÍ: ES DE TODOS Y TODAS, INCLUIDO TÚ.

¿Te gustaría que alguien hiciera garabatos con rotuladores en tu libreta? No, ¿verdad? Pues **ensuciar las sillas del colegio y los bancos del parque tampoco es una buena idea.** Puedes expresar tu creatividad utilizando folios, escribiendo, cantando, tocando un instrumento... Y lo mismo pasa con lo que sientes: respeta los espacios de los demás y comparte emociones y sentimientos sin estropear nada.

¿UN EJEMPLO? Si quieres decirle a alguien cuánto lo quieres, puedes **hacerle una pulsera especial.** Solo necesitas hilo de colores, perlas, cuentas o cualquier otro material que te guste y ¡un poco de imaginación! Si quieres decirle algo a alguien...

¿QUÉ TE PARECE SI SE LO DICES EN PERSONA?

04 AYUDA A QUIEN LO NECESITE

ALGUNAS PERSONAS NECESITAN AYUDA, pero a menudo estamos tan ocupados, tal vez con la mirada fija en un videojuego, ¡que ni nos damos cuenta! En vez de eso, intenta abrir bien los ojos y mira a tu alrededor, mientras vas al colegio, o cuando vas en metro o estáis en el supermercado. Puede que veas que hay un señor mayor a quien le cuesta andar y llevar las bolsas de la compra. O una mujer embarazada que necesita sentarse.

SÉ TÚ QUIEN DÉ EL PRIMER PASO: ofrece tu mano como apoyo y tus brazos para levantar las pesadas bolsas, y **cede tu sitio en el tranvía o el metro**, con una bonita sonrisa.

Si todo el mundo estuviera más atento a las necesidades de quien pasa a nuestro lado, ¡veríamos muchos más gestos de amabilidad cada día!

LO QUE CUENTA ES EMPEZAR, ASÍ QUE... ¿A QUÉ ESPERAS?

No solo los desconocidos pueden necesitar ayuda... Es

posible que, en tu casa, en tu familia, haya alguien que la necesite. Si tu hermana tiene la gripe, por ejemplo, podrías decidir dejar que vea su programa favorito de la tele, aunque a ti no te guste nada. O si al abuelo le duelen los ojos, ¿por qué no te ofreces a leerle el periódico en voz alta? Y, todavía más: cuando mamá o papá vuelven cansados de trabajar, podrías ayudarlos a poner la mesa o preparar la cena.

¿Cuántas veces son ellos los que hacen estas cosas por ti?

Es tu oportunidad de devolverles el favor y demostrar un poco de amabilidad sin que ellos te lo pidan.

RECUERDA: de vez en cuando los adultos también necesitan ayuda de los más pequeños como tú.

19

Si tu amigo siempre saca malas notas en el colegio, le puedes proponer **hacer juntos los deberes**. Tal vez, gracias a tu ayuda, entienda en qué se equivoca y aprenda a estudiar mejor. Pero ¿y si quien te necesita es esa niña antipática y tan creída? A lo mejor se le ha pinchado la rueda de la bici y le gustaría mucho que alguien le echara una mano.

AYUDAR SOLO A LAS PERSONAS QUE QUEREMOS ES DEMASIADO FÁCIL:

¡el auténtico reto es ser amable también con quien no nos gusta tanto!

Todos necesitamos la amabilidad: adultos y niños, simpáticos y no tan simpáticos. Y recuerda que, para recibir amabilidad, primero tenemos que aprender a ofrecerla.

Solo así, gesto amable tras gesto amable, podemos tener la esperanza de cambiar el mundo que nos rodea.

RECUERDA: EL MAR SE FORMA GOTA A GOTA.

¿SABÍAS QUE HAY UN DÍA MUNDIAL DE LA AMABILIDAD?

Se celebra el 13 de noviembre de cada año, y fueron los japoneses los que tuvieron la iniciativa. La idea nació en Tokio en 1988 y desde allí se ha propagado por todo el mundo. Durante este día hay que realizar por lo menos una buena acción. En Italia, siguiendo la misma idea, nació el **Día del Café Pendiente**, basado en una antigua tradición napolitana: si alguien entra en un bar y pide un café pendiente, paga dos cafés pero solo recibe uno, de modo que el otro queda disponible para alguien que no se lo pueda permitir.

¿TE GUSTA LA IDEA? Bien, pues ¿por qué no propones a tu clase y a tus amigos y amigas celebrar el Día de la Amabilidad? Puede ser la ocasión de poneros a prueba con una competición de... ¡gestos amables!

Podríais construir un dado con cartulina y escribir en cada cara un gesto o una palabra amable, después tirarlo por turnos, ver qué sale y... ¡empezar a contagiar amabilidad al mundo que os rodea!

05 PRESTA ATENCIÓN A LOS DEMÁS

Efectivamente, la amabilidad consiste en ayudar a los demás en cosas concretas, pero también en prestarles atención.

¿QUÉ QUIERE DECIR ESTO? Por ejemplo, jugar con esa niña a quien todos ignoran en el colegio, como si fuera invisible: todos necesitamos que «nos vean».

La amabilidad es exactamente eso, la capacidad de «ver a los demás» y darse cuenta de lo que sienten, aunque no hablen de ello: no todo el mundo es tan valiente para hacerlo; nos toca a nosotros entenderlos y dar un paso adelante. A menudo, basta con una palabra amable, una sonrisa, un consejo, una escucha sincera.

A partir de ahora, intenta prestar atención cuando alguien te hable (si te llega un mensaje al móvil, ¡ya lo leerás luego!) e intenta no acabar las frases de los demás, sino esperar a que hayan terminado de decir lo que quieren decir.

SOLO ASÍ PODRÁS DECIR QUE LOS HAS ESCUCHADO DE VERDAD.

Si empiezas a «mirar» más a las personas, en vez de a la pantalla de una tableta, puede que te des cuenta de que la abuela está un poco baja de moral o de que papá tiene muchas preocupaciones en la cabeza. Acostúmbrate a **preguntarles cómo están**. Ya sabes que a veces los adultos tienden a contestar «bien» por inercia, pero no siempre es así. Si lo hacen, es un poco por educación y un poco porque tienden a no demostrar que pasan por un momento difícil. Seguramente, tu detalle les gustará, se sentirán más comprendidos y puede que te digan qué es lo que les preocupa. Igualmente, si te cruzas con aquel vecino viejecito que siempre está un poco solo, ¿por qué no te paras algún día a charlar un poco con él?

¡Tal vez lo único que espera es que alguien le pregunte cómo le va!

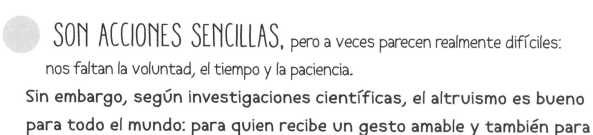

SON ACCIONES SENCILLAS, pero a veces parecen realmente difíciles: nos faltan la voluntad, el tiempo y la paciencia.

Sin embargo, según investigaciones científicas, el altruismo es bueno para todo el mundo: para quien recibe un gesto amable y también para quien lo ofrece.

De hecho, en la base de cada comportamiento amable está la **empatía**, un sentimiento que hace que nos pongamos en la piel de los demás, entendamos qué les preocupa y, por lo tanto, los ayudemos. Y, si lo piensas bien, ¡los seres humanos no somos los únicos que sentimos empatía! Algunos animales también son capaces de empatizar y de ser altruistas, por ejemplo, ayudándose los unos a los otros a conseguir comida o quitándose los parásitos mutuamente.

Según un estudio japonés, la mayoría de las ratas eligen ayudar a un compañero en una situación difícil, aunque tengan que renunciar a un trozo de chocolate... Quién lo iba a decir... ¡hasta los ratones son amables!

En Nueva York, en la entrada del Palacio de Cristal, donde está la sede de la **Secretaría de las Naciones Unidas**, hay un mosaico que representa a mujeres, hombres, niños y niñas de culturas y religiones diferentes.
Debajo del mosaico pone:

«HAZ A LOS DEMÁS LO QUE TE GUSTARÍA QUE TE HICIERAN A TI»

Esta es la conocida como «regla de oro» y se basa precisamente en la empatía.
Si todos nos pusiéramos realmente en la piel de los demás, conseguiríamos tratarlos como a nosotros nos gustaría que nos trataran.

¿Sabes que la regla de oro, expresada de maneras diferentes, está presente en todas las religiones y en muchas filosofías del mundo?

Incluso la encontramos citada por Confucio y Platón, dos filósofos que vivieron en China y en Grecia, respectivamente, hace muchos siglos, y es común a culturas tan alejadas como las de África oriental y las de los nativos americanos.

Actualmente, se aplica en muchos ámbitos diferentes, desde el colegio hasta la política, y se ha convertido en una auténtica norma vital para mucha gente. ¿Te gusta?

PERDONA A QUIEN TE HAYA HECHO ENFADAR

SI NOS ESFORZAMOS TODOS JUNTOS, será más fácil vivir en paz. Pero a veces sucede que nos peleamos y, entonces..., ¡adiós amabilidad!

Seguramente a ti también te pasa que, cuando estás enfadado con alguien, estás de morros... Pero si esa persona te pide perdón, no le eches en cara su error. Todo el mundo se equivoca (¡también tú!) y la palabra *perdona* es mágica precisamente por eso: sirve para olvidarlo todo y volver a empezar. No para pelearse de nuevo, sino para poner un punto y aparte y pasar página, ¡para ser más amigos que antes si cabe! Por lo tanto, ser amables quiere decir aprender a dejar de lado los enfados e ir más allá.

ES VERDAD, NO ES FÁCIL, PERO ¿QUIÉN HA DICHO QUE LA AMABILIDAD SEA ALGO SENCILLO? ASÍ QUE ÁNIMO ¡Y AFRONTA EL RETO!

Si quien te ha hecho enfadar no te pide disculpas, intenta no enfadarte todavía más. Por desgracia (¡o por suerte!), no podemos cambiar el comportamiento de los demás, pero podemos cambiar el nuestro.

Así que da el primer paso para romper el hielo.

A lo mejor vale la pena perdonarlo igualmente... En el fondo, ¿no eres más feliz cuando te sientes en paz con todo el mundo? Intenta pedirle que juegue contigo, como si nada hubiera ocurrido. Como por arte de magia, verás que pronto os olvidaréis del motivo por el que os habéis peleado y tendréis más ganas que antes de jugar juntos...

Además, ACUÉRDATE DE LA REGLA DE ORO: si fueras tú quien estuviera equivocado, te gustaría que te perdonasen, ¿no?

PUES, ¿A QUÉ ESPERAS? ¡EMPIEZA A DAR BUEN EJEMPLO!

ADEMÁS, PUEDE QUE SEAS TÚ QUIEN HAYA HECHO ENFADAR A ALGUIEN SIN QUERER. Por ejemplo, a papá o a mamá.

A lo mejor cuando te han pedido que pararas de jugar y que empezaras a hacer los deberes, y tú has pensado que no pasaba nada si jugabas un rato más. Sin embargo, ellos no pensaban igual, así que te han regañado y te has sentido mal.

Son cosas que pasan y no sirve de nada estar de morros. ¡Corre a abrazarlos y verás que se les pasa el enfado en un abrir y cerrar de ojos!

Acuérdate también de las palabras mágicas y añade un PERDONA de corazón. Muchas veces hace falta muy poco para volver a comenzar y enderezar un día que ha empezado un poco torcido.

RECUERDA: no vale nada la pena estar enfadado.

UNA BONITA SONRISA ES MUCHO MEJOR QUE UNA CARA LARGA, ¿NO TE PARECE?

¿SABES QUE ALGUNOS ESTUDIOSOS AFIRMAN QUE EL PERDÓN ES BUENO PARA EL CORAZÓN?

Hay que entrenar un poco..., pero se puede aprender igual que se aprende a correr o a nadar. Si empiezas a perdonar una vez, después otra y otra más, pronto te parecerá cada vez más fácil... y también más bonito.

SE DICE QUE PERDONAR NOS HACE MÁS FELICES, Y ES EXACTAMENTE ASÍ. ¡HAY QUE PROBARLO PARA CREERLO!

Si te quedas con el enfado, te pasas todo el rato refunfuñando y te pones triste. En cambio, si perdonas, te sientes mejor porque no tienes pensamientos negativos dentro de la cabeza. Con el perdón vuelven la paz y la sonrisa.
En resumen, ¿prefieres ser feliz o seguir enfadado y tener la razón cueste lo que cueste?

PIÉNSATELO BIEN... LA RESPUESTA SOLO LA TIENES TÚ.

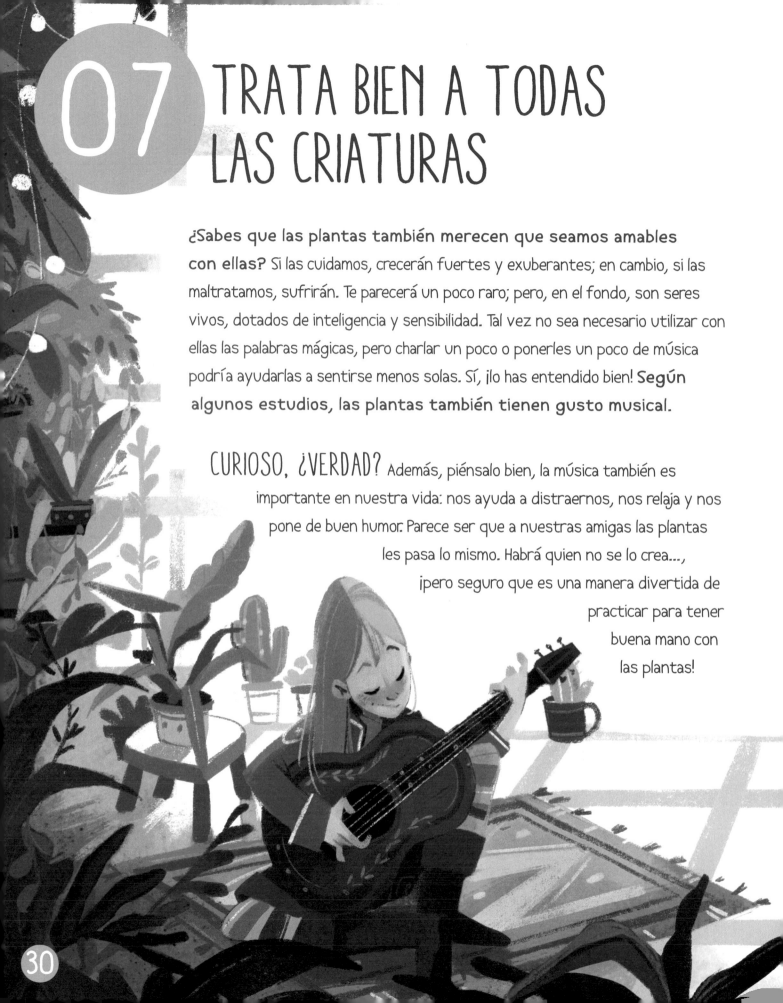

07 TRATA BIEN A TODAS LAS CRIATURAS

¿Sabes que las plantas también merecen que seamos amables con ellas? Si las cuidamos, crecerán fuertes y exuberantes; en cambio, si las maltratamos, sufrirán. Te parecerá un poco raro; pero, en el fondo, son seres vivos, dotados de inteligencia y sensibilidad. Tal vez no sea necesario utilizar con ellas las palabras mágicas, pero charlar un poco o ponerles un poco de música podría ayudarlas a sentirse menos solas. Sí, ¡lo has entendido bien! **Según algunos estudios, las plantas también tienen gusto musical.**

CURIOSO, ¿VERDAD? Además, piénsalo bien, la música también es importante en nuestra vida: nos ayuda a distraernos, nos relaja y nos pone de buen humor. Parece ser que a nuestras amigas las plantas les pasa lo mismo. Habrá quien no se lo crea…, ¡pero seguro que es una manera divertida de practicar para tener buena mano con las plantas!

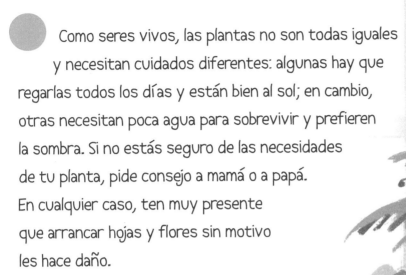

Como seres vivos, las plantas no son todas iguales y necesitan cuidados diferentes: algunas hay que regarlas todos los días y están bien al sol; en cambio, otras necesitan poca agua para sobrevivir y prefieren la sombra. Si no estás seguro de las necesidades de tu planta, pide consejo a mamá o a papá. En cualquier caso, ten muy presente que arrancar hojas y flores sin motivo les hace daño.

RECUERDA: las plantas son importantísimas para nuestro planeta. ¿Has oído hablar alguna vez de la **fotosíntesis clorofílica**? Este nombre un poco difícil alude a un proceso mediante el cual las plantas se alimentan y, al mismo tiempo, **producen oxígeno,** que después vuelve a salir al aire.

ES DECIR, QUE LAS PLANTAS SON MUY AMABLES CON NOSOTROS: ¡hacen que respiremos! Un motivo más para tratarlas con respeto.

¿Y NUESTROS AMIGOS LOS ANIMALES? Ellos también son

muy sensibles a la amabilidad. Tanto si se trata de un gato como de un caballo o incluso un cisne, todos merecen atención y respeto por parte de los seres humanos. Los animales, al igual que las plantas, no son juguetes: si decides tener un perrito en casa, **¡tienes que estar dispuesto a cuidarlo durante toda su vida!** Igual que los seres humanos, los animales necesitan muchas cosas: tienen que comer, descansar, jugar, que los curen si están enfermos, deben vivir en espacios cómodos y, sobre todo, necesitan tu cariño.

Así que, antes de pedir a mamá o a papá un amigo de cuatro patas para tu cumpleaños, ¡asegúrate de que podréis cuidar de él de la mejor manera posible! Si podéis, confiad en un criador responsable o en una asociación para la defensa de los animales.

AQUÍ TIENES ALGUNOS CONSEJOS PARA SER AMABLE CON TU ANIMAL DE COMPAÑÍA:

- Llévalo con regularidad a la clínica veterinaria y asegúrate de ponerle todas las vacunas necesarias.
- Mantén su espacio tan limpio como sea posible: la arena del gato, por ejemplo, hay que limpiarla cada día.
- Dale de comer de manera regular e infórmate sobre cuál es la mejor alimentación para su especie.
- Juega con él, pero solamente cuando él quiera. A veces también quieren estar solos.
- Si necesita moverse mucho, como en el caso de los perros, llévalo a pasear, por ejemplo, al parque.
- Sé paciente y evita gritarle o, peor todavía, pegarle (!) si se equivoca o hace alguna travesura.
- Acarícialo mucho, pero siempre con delicadeza.

FINALMENTE, SI SOSPECHAS QUE ALGUIEN ESTÁ MALTRATANDO A UN ANIMAL, DÍSELO A MAMÁ O A PAPÁ, Y, JUNTOS, DENUNCIAD EL ABUSO A LAS AUTORIDADES. ESTA TAMBIÉN ES UNA MANERA DE SER ATENTO CON NUESTROS AMIGOS LOS ANIMALES.

08 HAZ REGALOS SIN MOTIVO A LAS PERSONAS QUE QUIERES

Un regalo es una manera dulce de demostrar cariño, por ejemplo, cuando hay un cumpleaños o en una ocasión especial. **Pero ¿qué pasaría si no hubiera un motivo concreto?** Sería una sorpresa para quien lo recibiera, un auténtico gesto amable... ¡e inesperado!

ASÍ QUE PIENSA A QUIÉN TE GUSTARÍA REGALARLE ALGO.

¡No hace falta que sean cosas muy caras, al contrario!

Los regalos más bonitos y apreciados son los que vienen del corazón, así que deja volar la creatividad.

Si tu abuelo tiene buena mano con las plantas, podrías regalarle una plantita en una maceta: seguro que estará contento y sabrá cómo darle los mejores cuidados. Si quieres decirle a mamá cuánto la quieres, ¿por qué no le haces un dibujo bonito? Podría ser un retrato de ella para que lo cuelgue en su oficina y que le haga pensar en ti cada día. En cambio, a la abuela podrías prepararle su dulce preferido, con la ayuda de alguien.

UN REGALO TIENE QUE GUSTARLE A QUIEN LO RECIBE, NO A TI.

Así que, si tu amiga está loca por un actor que a ti te cae fatal, da lo mismo: ¡un póster suyo sería perfecto para ella! En cambio, otro regalo acertado podría ser un objeto que para ti tenga un valor importante, aunque ya esté usado. Por ejemplo, tu libro favorito; así compartirás con ella una de tus pasiones.

SERÁ UN GESTO NO SOLO DE AMABILIDAD, ¡SINO DE GRAN AMISTAD!

Una tarjeta afectuosa o una bonita carta también son regalos muy agradecidos, que dan calor al corazón y provocan amplias sonrisas... ¿Por qué no escribes alguna? Puedes hacer una para aquella vecina que un día fue tan amable de recoger un paquete para ti...

EN FIN, SI LO PIENSAS BIEN, ¡HAY REALMENTE UN MONTÓN DE MOTIVOS PARA HACER UN PEQUEÑO REGALO!

DI A LOS DEMÁS QUÉ TE GUSTA DE ELLOS

LOS CUMPLIDOS TAMBIÉN SON UNA BUENA MANERA DE EXPRESAR AMABILIDAD CON PALABRAS.

Obviamente, tienen que ser sinceros, así que deberían salir del corazón. Por ejemplo, si mamá es muy buena bailarina, ¿por qué no se lo dices? Estará contenta. Y cuando papá hace tu pizza preferida, acuérdate de expresar tu agradecimiento. Estará contento de que te haya gustado y ¡tendrá ganas de volver a hacerla pronto! ¿Y los abuelos, que siempre son tan cariñosos contigo? No dejes pasar la oportunidad de demostrarles lo importante que es eso para ti.

RECUERDA: un cumplido siempre gusta a quien lo recibe. **Todos necesitamos que nos valoren por cómo somos y por cómo hacemos las cosas,** pero no siempre se nos reconoce. Así que, a partir de ahora, intenta decir a los demás qué es lo que te gusta de ellos, sin dudarlo.

LO MISMO VALE PARA TUS AMISTADES.
Seguro que alguna vez te has peleado con alguien y solo te has fijado en los aspectos negativos dando por descontados los positivos. En cambio, es muy importante reconocer estos últimos. ¿Cómo? Intenta pensar en quién te hace reír más, quién corre más deprisa o quién dibuja mejor, y ¡díselo! También podrías añadir por qué te gusta jugar con ellos y qué valoras de su amistad: ¡verás lo felices que se ponen!

RECUERDA: cada persona tiene un lado positivo...
TAMBIÉN TÚ.

En vez de esperar los cumplidos de los demás, empieza a hacértelos tú mismo.

Intenta preguntarte, por ejemplo, **en qué eres especialmente bueno.** ¿Dando buenos consejos? ¿Haciendo galletas? ¿Montando un puzle dificilísimo? Escríbelo en una hoja de papel y léelo de vez en cuando. **¡¿Qué te juegas a que te hará sonreír?!**

10 APRENDE A COMPARTIR

Puede que el verbo *compartir* te resulte familiar si piensas en las redes sociales: allí se comparten entradas, vídeos, imágenes y noticias. Se cuelga alguna publicación en línea y alguien la ve o la lee. En realidad, el verbo *compartir* es mucho más antiguo: deriva del latín y significa **'repartir con/junto a'**.

Intenta pensar cuántas cosas puedes repartir con alguien, como un acto de amabilidad y de generosidad. Si en el colegio una compañera tuya se ha dejado el almuerzo en casa, podrías preguntarle si quiere un poco del tuyo. **De esta manera, podríais comer los dos y estar en compañía.**

O podrías **compartir un cómic** con tus amigos: primero lo lees tú y se lo pasas a los demás. Así, cuando todos lo hayan leído, podéis jugar a que sois los personajes de la historia. ¿A que es buena idea? Y, todavía más, podrías compartir **algún chiste** que te sepas: si hace reír y es divertido, se lo puedes contar a tu familia y a tus amigos.

Normalmente, también **se comparten las buenas noticias**: cuando recibes un buen regalo, tienes ganas de decírselo a todos tus amigos... También mamá y papá, cuando son felices, te cuentan el motivo: a lo mejor han decidido comprar una casa con jardín, o uno de los dos va a cambiar de trabajo, y te lo dicen a ti, después a los abuelos, a los tíos...

DE ESTA MANERA, SOIS FELICES TODOS JUNTOS.

En el fondo, se dice que «la felicidad es auténtica solo si es compartida»... ¡y es exactamente así! Cuando compartes algo con alguien, o te muestras altruista, tu cerebro libera **dopamina** y **serotonina**, conocidas también como **las hormonas de la felicidad**.

EN RESUMEN, SI QUIERES SER FELIZ, TIENES QUE SER AMABLE... Y VICEVERSA.

Así que ¿a qué esperas? Empieza a poner en práctica los diez gestos amables que te hemos enseñado y, si no son suficientes, inventa otros nuevos: ¡la amabilidad no tiene ningún límite!

CLARISSA CORRADIN

Clarissa nació en Ivrea, Italia, en 1992. Asistió a la Academia de Bellas Artes de Turín, donde estudió pintura e ilustración. En la actualidad, trabaja apasionadamente en ilustraciones para libros infantiles.

ELEONORA FORNASARI

Eleonora vive en una bonita casa rodeada de árboles, ardillas y... libros, algunos de los cuales los ha escrito ella misma. Desde muy joven comenzó a llenar cuadernos y diarios con muchas historias y personajes imaginarios. Cuando se quedó sin papel, empezó a escribir para la televisión. Hoy en día es una consumada autora y guionista de televisión, y enseña en la Università Cattolica en Milán, Italia.

Realización gráfica

Valentina Figus

Derechos cedidos por Edicions Bromera, SLU (www.bromera.com).

Título original: *10 idee per salvare il mondo con il potere della gentilezza*
© White Star s.r.l., 2020
Piazzale Luigi Cadorna, 6
20123 Milán, Italia
www.whitestar.it
WS White Star Kids® es una marca registrada propiedad de White Star s.r.l.
© Traducción: Pau Sanchis Ferrer, 2022
© Algar Editorial
Apartado de correos 225 - 46600 Alzira
www.algareditorial.com
Impresión: Anman

1.ª edición: enero, 2022
ISBN: 978-84-9142-552-6
DL: V-3785-2021

PAPEL ECOLÓGICO
TCF LIBRE DE CLORO

FOTOCOPIAR LIBROS
NO ES LEGAL

LIBRO AMIGO DE LOS BOSQUES
PAPEL PROCEDENTE DE FUENTES RESPONSABLES